© Verlag Friedrich Oetinger, Hamburg 1991
Alle Rechte für die deutschsprachige Ausgabe vorbehalten
© Barbro Lindgren-Enskog 1990 (Text), Sven Nordqvist 1990 (Bild)
Die schwedische Originalausgabe erschien bei
Eriksson & Lindgren Bokförlag, Stockholm,
unter dem Titel „Stackars Allan"
Deutsch von Angelika Kutsch
Satz: Utesch Satztechnik GmbH, Hamburg
Printed in Italy 1991/II

ISBN 3-7891-6803-3

Barbro Lindgren-Enskog
Armer kleiner Allan

Bilder von Sven Nordqvist

Deutsch von Angelika Kutsch

Verlag Friedrich Oetinger · Hamburg

Allans Mama glaubte, daß Allan furchtbar gern im Kaufhaus einkaufen ging. Allan glaubte, daß seine Mama furchtbar gern im Kaufhaus einkaufen ging.
Darum nahm Allans Mama Allan mit zu einem riesigen Kaufhaus. Und darum ging Allan mit ihr zu dem riesigen Kaufhaus.
Himmel, war das groß! Draußen standen mindestens tausend Autos. Und zwischen den Autos und dem Kaufhaus liefen Mamas und Papas mit wackligen Einkaufswagen hin und her, die vollgepackt waren mit unnötigen Sachen und wütenden Kindern.

Sonst ist Allan schon ziemlich groß. Als er jedoch ins Kaufhaus kam, wurde er so klein, daß er fast verschwand. Zum Glück war seine Mama ganz gut zu sehen, anfangs jedenfalls. Aber dann verschwand sie plötzlich zwischen all den Beinen und Hosen und Tüten.

Allan war zwar noch ein kleines Kind, aber dafür war er ziemlich mutig. Er hatte nur vor einer einzigen Sache Angst: daß er verlorengehen könnte! Und jetzt war er verlorengegangen! Oje, wenn ihn nun niemand auf der ganzen Welt jemals wiederfand! Wenn er nun sein ganzes Leben lang im Kaufhaus herumlaufen mußte!

Er beschloß zu weinen.
Aber als er es gerade
beschlossen hatte, fiel ihm
ein, daß ihn ja doch
niemand hören würde.
Da beschloß er, statt dessen
so laut zu brüllen, wie er
nur konnte.

Aber als er gerade beschlossen hatte, so laut zu brüllen, wie er nur konnte, bemerkte er etwas Rotes zwischen all den Beinen und Stiefeln.
Es war ein Mädchen in einem roten Mantel, das auf dem Fußboden saß. Es hielt die Hände vors Gesicht und weinte.
Allan tippte es vorsichtig an.
„Warum weinst du?" fragte er.
„Ich bin verlorengegangen!" schluchzte das Mädchen.
„Ich auch", schluchzte Allan.

„Ich finde meine Mama bestimmt nie mehr wieder!" schluchzte das Mädchen.
„Ich meine auch nicht", schluchzte Allan.
Wie schrecklich war das alles! Die beiden weinten und weinten immer mehr. Sie konnten einem richtig leid tun. Alle Kinder, die verlorengehen, können einem leid tun.

„Wollen wir nicht beide zusammen verlorengehen?" fragte Allan, als sie mit Weinen fertig waren.
„Okay!" sagte das Mädchen und trocknete sich die Tränen ab.
Und sie gingen weiter. Sie waren so klein, daß niemand sie sah. Sie wurden hierhin und dahin gestoßen wie Äpfel, die vom Baum gefallen sind, und sie wurden getreten und eingeklemmt. Allan tröstete das Mädchen, denn er war so einer, der andere gern tröstete.

Da entdeckten sie einen armen Teddy mit Zipfelmütze und Schihosen. Er saß auf dem Fußboden und brummte traurig vor sich hin.
„Bist du verlorengegangen, kleiner Teddy?" fragte Allan.
„Ja, das bin ich", brummte der Teddy. „Erst hat mich jemand verloren, dann bin ich verlorengegangen. Und jetzt bin ich ganz allein auf der Welt!"
Allan streichelte ihn und sagte:
„Wenn du willst, kannst du mit uns zusammen verlorengehen."
„Ja, gern", sagte der Teddy, und die drei gingen weiter.
Das Mädchen und der Teddy freuten sich sehr, daß Allan sie gefunden hatte. Und Allan freute sich, daß er von ihnen gefunden worden war.

Dann fanden sie einen kleinen verzweifelten Hund.
Der trug eine Motorradbrille und weinte so sehr,
daß er kaum sprechen konnte.
„Wein doch nicht! Du kannst mit uns zusammen
verlorengehen", sagte Allan.
Da wischte sich der Hund die beschlagenen
Brillengläser ab und ging sofort mit
ihnen verloren.
Jetzt waren sie vier, und sie hielten sich
gut aneinander fest.

Nach einer Weile fanden sie einen kleinen alten Mann. Er lag da, eine Hand unter der Backe, und schlief. Allan klopfte vorsichtig bei ihm an.
„Bist du verlorengegangen?"
„Ich glaub, das bin ich", sagte der Alte betrübt. „Oder ist meine Alte verlorengegangen? Nein, ich glaub, ich bin es wohl."
„Willst du nicht mit uns zusammen verlorengehen?" fragte Allan.
„Von Herzen gern", sagte der Alte und richtete sich auf. Er war nicht besonders groß. Aber er war jedenfalls größer als die anderen, denn er reichte mit der Nase über den Tresen, wenn er sich auf Zehenspitzen stellte.

Dann trotteten sie weiter. Von Zeit zu Zeit riefen sie, aber niemand hörte sie. Bald taten ihnen die Füße weh.

Sie kamen in die Spielzeugabteilung. Dort wimmelte es nur so von Kindern, die weinten und schrien.
Zuerst glaubten sie, alle Kinder wären verlorengegangen, aber so war es nicht. Die Kinder waren nur furchtbar böse auf ihre Mamas und Papas, weil sie ihnen nicht das teuerste Spielzeug kaufen wollten.

Nur ein armes Baby war echt verlorengegangen.
Das schleppten sie mit sich.
Das Baby war furchtbar schwer. Zum Glück hatte der Alte gerade ein Tretauto gefunden. Mit dem konnten sie fahren.

Der Alte setzte sich ans Steuer, die anderen quetschten sich ins Auto, und irgendwie fanden sie alle Platz.
Jetzt hatten sie riesigen Spaß. Fast vergaßen sie, daß sie verlorengegangen waren. Der Alte trat, und Allan hupte.

Dann fanden sie einen Schnuller, der ganz verschreckt in einer Ecke lag.
„Ich bin verlorengegangen!" heulte er.
„Wir auch!" heulten alle zurück.
Vorsichtig hob Allan den Schnuller auf. Das Baby war ganz aufgeregt, als es den Schnuller sah.
„Nein, nein, das ist nicht mein Baby!" schrie der Schnuller erschrocken.
Da durfte er in Allans Tasche sitzen.

Im Restaurant fanden sie ein verlorengegangenes Würstchen, das in einem Brot eingeklemmt war.
„Oh, ich bin verlorengegangen! Helft mir!" piepste das Würstchen.
Da reckte der Hund die Nase und schnupperte.
„Darf ich dich auffressen?"
„Nein, nein, du hast mich nicht verloren!" schrie das Würstchen und warf sich zur Seite. Damit es ganz sicher vor dem Hund war, durfte es neben dem Teddy im Kofferraum sitzen.

Die Zeit verging. Schließlich war das Tretauto ziemlich vollgestopft mit Kindern, alten Männern und Teddys und Hunden und Babys und Schnullern und Würstchen und Hüten und Uhren und Handschuhen.
Draußen begann es zu dämmern. Da fiel ihnen ein, daß sie ja eigentlich verlorengegangen waren und wahrscheinlich nie wieder zu ihren Mamas und Papas oder wem auch sonst zurückfinden würden.

Als erstes fing das Baby an zu weinen. Dann fing das Mädchen an zu weinen. Und dann der Teddy. Und der Hund. Und der kleine alte Mann und der Schnuller und das Würstchen. Zum Schluß weinte auch Allan. Sie weinten, bis es im Auto gluckerte von all den Tränen. Aber, oh – !
Wie durch Zauberei waren sie plötzlich am Ausgang. Und da standen Allans Mama und die Mama von dem Mädchen und die Alte von dem kleinen alten Mann und der Junge von dem Hund und die Mama von dem Baby und das Mädchen von dem Teddy und das Baby von dem Schnuller und der Junge von dem Würstchen, und sie alle hatten furchtbar geweint. Sie waren quatschnaß von den vielen Tränen.

Aber als alle Verlorengegangenen zurückkamen, freuten sie sich sehr.
Und das Mädchen und der Teddy und der Alte und der Hund und
das Baby und der Schnuller und das Würstchen bedankten sich bei
Allan, daß er sie getröstet hatte,
als sie verlorengegangen waren.
Dann fuhren sie alle nach Hause.

Und Allan wußte, daß er jetzt viel mutiger war als am Tag davor.
„Aber nächstes Mal gehen wir doch lieber in einem kleinen Laden einkaufen", sagte Allan zu seiner Mama.